W0317050

Silja Walter

Das Herz betet von selbst

Silja Walter

Das Herz betet von selbst

Glaubenserfahrung

Vorwort von Ulrike Wolitz

Hinführung von Peter von Felten

Paulusverlag Freiburg Schweiz

Bibliografische Information der Deutschen Bibliothek

Die Deutsche Bibliothek verzeichnet diese Publikation
in der Deutschen Nationalbibliografie;
detaillierte bibliografische Angaben
sind im Internet abrufbar über
<http://dnb.ddb.de>

Umschlagbild: Silja Walter «Das Herz betet»
Umschlagfoto: Sue Suter, Zürich
ISBN 3-7228-0629-1

Inhalt

Vorwort

«Der Christ ist Jünger von Natur aus»: Diese Grunderkenntnis schürft und entfaltet die Benediktinerin Silja Walter in ihrem klösterlichen Leben. Die Wünschelrute der Sehnsucht vor sich hertragend tastet sie ihren Alltag und ihre Biographie entlang die Adern des Christlichen ab. Sie stößt durch den Gottesbegriff hindurch in das Geheimnis des Namens Jesus. Und die Rute schlägt aus. Dem Geäder nach führt sie die Rutengängerin zur Mitte. Dort trifft die Rute auf das schlagende Herz, das von selbst betet. Denn der Geist Jesu es ist, der in unseren Herzen betet: «Abba, Vater» (vgl. Gal 4,6).

Mehr in Bildern als in Begriffen malt die Dichterin ins Wort, was sie eher im kontemplativen Schauen als im reflexiven Denken erfaßt hat. Dabei hört und beantwortet sie die in den Briefen gestellten Fragen und Anfragen unserer gottleeren Zeit, läßt sich jedoch nicht davon irritieren und anhalten. Sie läuft sozusagen durch das Fragezeichen hindurch weiter in ihrer vom Himmel besetzten gottvollen Gegend und vermittelt im Laufen, wovon sie im Schweigeraum ihres Redens kündet: vom Pulsschlag der Gegenwart Gottes.

Unsere Zeit tut sich freilich schwer mit dem Phänomen der Gegenwart Gottes. Sie ersehnt sie so sehr, daß sie sie durch Götter ersetzt und ihr Tempel baut. Aber die Sehnsucht schläft nur im Dunkel der innersten Kammer. Vielleicht gelingt es, sie zu wecken. Die Meditationen in diesem Buch sind ein dynamischer Herzschrittmacher gegen die Glaubensmüdigkeit. Wer sich an der Wünschelrute festhält, wird in das Herzklopfen des christlichen Kreislaufs geführt.

Taufe Jesu 2004 *Ulrike Wolitz*

Hinführung

Ein Schrei nach Spiritualität erfüllt unsere Welt. Seit Jahren finden Bücher über östliche Meditationswege reißenden Absatz, und immer mehr wendet sich das Interesse auch Autoren zu, die aus der kontemplativen und mystischen Tradition des Christentums schöpfen. Sr. Silja Walter ist eine herausragende Vertreterin dieser Tradition. Sie gestaltet sie dichterisch und legt in dieser Weise Zeugnis von ihr ab, ohne sie direkt für die christliche Lebenspraxis aufzuschlüsseln: Erbauungsbücher für christliche Lebensgestaltung sind ihre Sache nicht. Doch ihre Werke sind voll von Hinweisen auf christliche Glaubenserfahrung. Wäre es nicht hilfreich, diese zusammenzufassen und einer interessierten Leserschaft vorzustellen?

Nach ihrem 80. Geburtstag entstand der Plan, ein Gespräch über Glaubenserfahrungen aufzuzeichnen. Doch es zeigte sich, daß diese Thematik den Rahmen eines Interviews sprengt. Statt dessen wurde die Form eines Briefwechsels gewählt, der sich über Jahre hinzog.

Es ist beeindruckend, wie sehr in ihren Ausführungen das Unterscheidend-Christliche zum Ausdruck kommt: die Grunderfahrung, daß das Absolute ein persönlicher Gott ist, der schon gekommen und da ist und uns annimmt und beschenkt. Diese Zuwendung geschieht zentral im ungeheuren Ereignis der Hingabe des Sohnes und der Ausgießung des Heiligen Geistes. Deshalb keine Spur von Weltverneinung, aber auch keine naive Idyllik, sondern der mutige Blick auf die Realität und die Bereitschaft, aus der Gegenwart Gottes heraus zu leben. Der von Gott Beschenkte ist kein Besitzer, sondern muß versuchen, arm, demütig und selbstlos weiterzuschenken. Einen besonderen Stellenwert kommt dabei der Heiligen Schrift zu, die den Blick auf Jesus Christus öffnet und im Heiligen Geist erkennen läßt, welche Nachfolge Christi Gott heute von uns erwartet. Einen solchen Auftrag hat jeder Christ, der Laie nicht weniger als die Nonne und der Ordensmann, und er kann ihn aus einer tiefen Glaubenserfahrung heraus, einer Mystik im weiteren Sinn, erfüllen.

Silja Walter hat diese klaren Umrisse des christlichen Glaubens durch das Zeugnis ihrer ganzen Existenz herausgemeißelt. Vielleicht wäre ihr das nicht möglich gewesen, hätte sie nicht eine besondere Gnadenerfahrung erhalten, auf die sie im 2. und 11. Brief diskret hinweist und die ihr am Anfang schon den Grund und das Ziel von allem offenbarte: die Beheimatung des Menschen im trinitarischen Liebesdialog Gottes.

Olten, Januar 2004 *Peter von Felten*

I.

Himmel und Herz

Über ein halbes Jahrhundert ist verstrichen, seit Sie in den Benediktiner-Orden eingetreten sind. Haben Sie nicht ein wunderliches Gefühl, wenn Sie auf Ihre Anfänge im Orden zurückblicken? Was ist doch alles seit dem Zweiten Weltkrieg passiert! Es kamen erst die goldenen Jahre der Hochkonjunktur, es kamen die langsame Verwandlung des stolzen «Reduit» Eidgenossenschaft in ein gewöhnliches Land inmitten der anderen und eine Unzahl Veränderungen, wie man sie nie für möglich gehalten hätte. In unserer Kirche nicht anders: nach der Restauration der ersten Nachkriegsjahre die Aufbrüche von Konzil und Synode, und ebenso wichtig und von Konzil und Synode nur begleitet und nicht verursacht, die Auflösung des katholischen Milieus. Auch darin scheint sich der Sieg der Säkularisation und des Positivismus zu manifestieren. Und nicht nur in Gesellschaft und Wissenschaft, auch in der Philosophie ist weniger denn mehr von Gott die Rede. In der Literatur aber gibt es kaum mehr christliche Dichtung, auf die wir doch so stolz gewesen waren.

Doch seltsam. In dieser so «weltlichen Welt» ein immer stärkeres Suchen nach etwas ganz anderem. Nach etwas, das man nicht machen kann, das aber dem Leben erst Sinn und Hoffnung verleiht. Man möchte es berühren, erleben, erfahren. Von da das Interesse für Esoterisches und Mystisches, für die verschiedensten Methoden der Versenkung und Meditation. Auf dem Hintergrund dieser Bedürfnisse sind Sie als Ordensfrau plötzlich nicht mehr Außenseiterin. Sie signalisieren viel mehr die Gegenwart des ganz anderen in unserer Welt. So wird die Irritation durch Ihre Existenzweise plötzlich positiv empfunden: als Hinweis darauf, daß auch Menschen unserer westlichen Kultur ganz auf das Absolute ausgerichtet und von ihm geprägt sein können. Man liest Sie deshalb, sucht Sie vielleicht sogar auf. Meine Frage: Was empfinden Sie, wenn Sie auf diesen großen Zeitraum mit all seinen Veränderungen zurückblicken?

Ins Kloster gehen heißt von einem schwimmenden Schiff aus ans andere Ufer springen, aus wegfließender Zeit ins stehende Jetzt Gottes hinein. Das sah und verstand ich nicht gleich. Ich war nur von Anfang an darauf aus, im Ernst nun das zu tun, was ich zuhause nicht tat: mir der Gegenwart Gottes bewußt zu sein und darin zu verbleiben.

Das will ja die Weisung der Regel Sankt Benedikts vor allem andern.

Es gehört zu Gottes Wesen, daß Gott da ist. Hat er sich im brennenden Dornbusch doch selber definiert als der «Ich bin der, der da ist» (Ex 3,14).

Was das heißt, ist buchstäblich zu verstehen. Es wirft einem den Lebenskurs um wie einen Kahn im Strom und treibt ihn in der Gegenrichtung voran. Gott ist da, Gott ist da!

Was ist daneben eigentlich noch wichtig?

Daß Gott nicht nur da ist, daß er auf uns hin da ist, macht alles noch umwerfender – der Ausdruck sagt, daß uns das auf die Knie werfen sollte.

Sicher ist, alles wird von da her einfach. Wie von selbst öffnet sich in uns ein Raum für die immer schon bestehende und nicht endende Beziehung von Himmel und Herz. Ich sage absichtlich nicht: von Herz und Himmel, denn der Himmel ist immer zuerst. Ist Gott Tag und Nacht anwesend, sind wir da nicht von selbst schon bei ihm angekommen? Denn wenn wir «in ihm leben, uns bewegen und sind», wie Paulus sagt, dann ist Gott immer schon von seinem Dasein und unserem Darinsein her in Beziehung zum Menschen.

Was für Perspektiven für unsere Gott-Suche, wenn wir als Angekommene ihn suchen, ihn genau genommen von vorneherein finden dürfen, ja finden dürfen, nicht als Leistung, sondern als Geschenk!

Den uns geschenkten Gott finden, das ist christliche Gott-Suche. In sie hinein sind wir genau genommen eingetreten mit unserm Eintritt ins Fahr.

Warum sind wir nicht draußen geblieben, wenn das monastische Gott-Suchen einfachhin christlich ist?

Die klösterliche Erfahrung bestätigt: Es war gut, daß du diese Form gelebten Glaubens gewählt hast, sie ist nicht nur direkter, einfacher und sicherer, sondern kann zeugnishafte Bestätigung dieser Glaubenswirklichkeit sein. Für jene, die draußen bleiben, draußen bleiben müssen.

Gott ist überall da: eine biblisch und dogmatisch bezeugte, erfahrbare, monastische und damit christliche Wahrheit, Sache und Tatsache.

Sind damit die Fragen nach der Erfahrung der Vergangenheit der letzten fünfzig Jahre nicht grundsätzlich beantwortet?

Sicher sind sie irgendwie unten in der Dunkelkammer meines wohl schlafenden Gedächtnisses vorhanden. Sie reden aber nicht mehr herauf in meinen Alltag. Im regulären monastischen Leben wird Gott zum Besetzer der Gebets-, Arbeits- und Meditationszeit.

Der Besetzer meiner
Stundenhäuser
treibt in seiner
Liebeslist
aus meinem Tag die
ganze Zeit.
Jetzt sind wir stundenlos
beisammen

Eine poetische Übertreibung der Erfahrung von Gottes Gegenwart in der Alltagszeit. Gott besetzt die Zeit mit seiner Gegenwart. Er drängt sich dem Mönch, der Nonne auf, er ist der Himmel, der sich immer vor dem menschlichen Herzen rührt und meldet. Und wo er sich dessen zu bemächtigen beginnt, fängt der «Besetzte» an zu vergessen, was hinter ihm liegt. Auch Paulus hat das erfahren.

Das wird als das eigentliche Problem erlebt von Leuten, die kommen, um über unser Leben in Klausur zu sprechen.

Jemand sagte mir: «Für uns draußen gibt es hohe Feiertage, an denen wir uns intensiver mit Gott beschäftigen, für euch ist er allgegenwärtig da.» So und ähnlich, aber immer wie bekümmert spricht sich die Sehnsucht vieler Besucher aus in ihrem Verlangen, Gott draußen in ihrem Alltag zu erfahren, wie «die im Kloster».

Es hat Sinn, sich in einem kleinen Buch genauer darüber auszusprechen. Wer immer will, hat das Recht zu wissen, wie «die drinnen es denn machen mit Gott».

Der Weg, in seine zeitlose allgegenwärtige Gegenwart zu kommen und darin zu bleiben, kann ja doch nicht anders sein: ob drinnen, ob draußen, der Himmel geht auf jedes Herz zu und ist da, ehe er bemerkt wird.

2.

Liebesgeschichte

Herzlichen Dank für Ihren Brief. Ich meine das ernst, obwohl Sie überhaupt nicht auf meine Frage eingegangen sind. Darin liegt ein herausfordernder Wink, der zum Nachdenken zwingt. Im Kloster sein heißt in Gottes Gegenwart leben und nicht über die Vergangenheit nachsinnen. Diese Aussage scheint Ihnen auch deshalb wichtig zu sein, weil alle, die «draußen» so gut wie die «drinnen», in dieser Gegenwart leben sollten, weil der Himmel für alle Herzen offen ist. Gleichwohl, es gibt die draußen und die drinnen, und die drinnen leben anders als die draußen. Können Sie uns erzählen, wie die Berufung zum Klosterleben Sie erreicht hat und auf welchen Wegen Sie dorthin geführt worden sind?

Vielleicht ist es wirklich so: Die Liebesgeschichte mit Gott fängt konkret in der Taufe an. Dann nimmt das Kind die Lockung dieses geheimen, geheimnisvollen Wesens wahr, das die großen Leute Gott nennen. Dann sagt sich das junge Mädchen: Was katholisch ist, muß mehr sein als das, was ich davon weiß. – Der erste große Erfolg der Anziehung des Himmels. «Ich muß dahinterkommen, was mit dem sogenannten Jenseits, mit Jesus und mit der Kirche ist», so geht es weiter.

Und schließlich ist dieser Mensch, diese Frau nicht nur dahintergekommen, sondern ins Dahinter selbst hineingezogen.

Sie will auf Gott zu, unter allen Umständen, sozusagen frontal, direkt. Und dazu sah ich damals keine andere Möglichkeit, als ins geschlossene Kloster einzutreten. Vieles ging voraus, ich erinnere mich, wie es war, als ich von zuhause fortging.

Eines Morgens stand ich allein auf der Terrasse und hatte den Eindruck, als wäre da, wo ich war, noch jemand anders.

Ich war ein durchschnittlich religiöser Mensch, um die Zwanzig und vermutete, daß das mit Gott zu tun haben mußte, mit seiner Gegenwart in der Welt.

Wohl nicht viel später fiel mir ein: Wenn Gott Wirklichkeit ist, dann habe ich keine Wahl, dann muß ich ihn suchen und finden. Das schafft niemand für mich, ich muß es ganz allein tun.

Darüber erschrak ich und war stolz zugleich.

Von da an war ich sicherlich am Aufwachen aus meinem Gewohnheitsglauben an Gott in seine Präsenz hinein.

Ich versuchte sie zu malen, eine Wolke, die durch unser Haus floß.

Das sah surrealistisch aus. Aber war die Feuerwolke, die Israel aus Ägypten herausholte und in die Wüste führte, vielleicht nicht surrealistisch?

Damals wie heute dieselbe Präsenz in der Welt, der zeitlos gegenwärtige Gott. Israel hat ihn am Nil erfahren und ich unter der Verandatüre zuhause. Aber daraufhin mußten wir beide aufbrechen und fortgehen, die Hebräer nach Kanaan und ich ins Kloster Fahr.

Die Geschichte des biblischen Exodus ist das Grundmuster jedes christlichen, jedes menschlichen Lebens. Ich kann meines darin einlassen, wie man heute ein schlüsselfertiges Haus hochhebt und in sein zuvor ausgehobenes Fundament hinunterläßt. Da steht es richtig und darum sicher, das Ganze stimmt.

Die Leute, die auf ihren Fahrrädern jeden Werktag unten an unserm Haus vorbei zur Arbeit in die Stadt fuhren, sahen sicher keine Wolke, als ich fortging für immer.

Aber beim Heuspeicher des letzten Bauernhofes holte mich die Postfrau ein, den Briefsack auf dem Gepäckgestell vorne drauf. Laut schimpfend fuhr sie an mir vorüber. Ich wußte, auch unser einziger Lehrer im Dorf schimpfte, und der rothaarige Fahrer an der Bushaltestelle knurrte grimmig etwas wie: «Schöne Mädchen verlochen».

Aber kann man verlangen, daß die Leute daheim die Wolke sahen über mir und ihnen und der Weltgeschichte?

Sie schimpften ja auch nur, weil ich für immer fortging von Rickenbach. Das kommt davon, daß man in einem kleinen Dorf damals noch zusammengehörte wie die Bewohner eines großen Bauernhofes. Ich hätte die Postfrau, den Lehrer und den Chauffeur um ihr Einverständnis bitten sollen, ins Kloster gehen zu dürfen. Der Busfahrer war ein erklärter Kirchen-, Klerus- und Klosterfeind, aber ich weiß, daß er aus echter Trauer schimpfte, als ich das Dorf am Jura für immer verließ, weil die Wolke mich forttrieb.

Was hätte ich tun sollen? Israel kam auch nicht gegen sie an.

Es war an einem Sonntag, Passionssonntagabend, als ich über die große Brücke hinabstieg zum Fluß, an dem das Benediktinerinnen-Priorat Fahr liegt.

Ich war aber nicht gleich in die Gottes-Offenbarung der Hl. Schrift hineingeholt. Oder doch noch nicht in ihren «Quellgrund von Licht und Leben». Woher weiß ich, daß Gott ist? Daß er ein persönlicher Gott ist? Daß er mich liebt? Woher weiß ich das? In diesen Fragen lief ich immer wieder neu durch meine Zeit und Tage, in denen ich eingetreten war.

Wo hab ich es her,
daß ich weiß, daß du bist?
Ich weiß es nicht.
Niemand weiß,
warum ich das weiß.

Wie kam ich darauf,
daß du mich liebst?
Ich weiß es nicht.
Niemand weiß,
warum ich das weiß.

Du bist, und du liebst mich,
das weiß ich
an allem Nichtwissen vorbei.

Ich bin nämlich kein Stern,
von dir geworfen ins All,
dich zu umkreisen,
bis er verlöscht.

Doch brennen muß ich,
wie er, an deinem Feuer
aufbrennen zu dir,
es geht nicht anders.

Daß ich dich liebe,
mein Gott,
das weiß ich.

Fragen, die durchgetragen, durchlitten werden mußten, antwortlos, zwischen Lichtzeiten, die dann waren wie nie erlebt.

Ich kannte das, hatten sich mir doch früher, vor meinem Eintritt ins Kloster Fahr entscheidende Glaubens-Erfahrungen geschenkt.

Was vorausging –

Als ich im Sanatorium lag und es sich herausstellte, daß es damit noch Monate, wenn nicht Jahre dauern konnte, war ich ganz zufrieden. Ich hatte viel zu denken, zu überlegen, um klarzuwerden über alles, was mit mir war und was mich mit dieser Krankheit, dieser abrupten Veränderung in meinem Leben überfallen hatte.

Was ich am meisten und unablässig, ohne Ruhe bedenken mußte, war aber das, wer und was denn wohl Gott sei. Ich wollte wissen, ob wirklich an Ihm alles hänge, was Er zu tun habe im Ganzen und was bei mir und bei alledem, was mich betroffen hatte. Das schien mir das schwerste zu sein, was ich zu bedenken hatte: Gott und ich zusammen.

Bald glaubte ich herausgebracht zu haben, daß Er zu meinem Kummer und zu einem ständigen Aufmerken auf alle seine Gebote so viel Schweres über mich verhängt habe, wohl nur dazu, hatte ich mir gesagt, damit ich Ihn fürchten lerne.

Da begann ich mich zu fürchten vor Gott. Und diese Furcht wuchs, je mehr ich Ihn und mich bedachte. Ja, hätte man meine Furcht vor Ihm auf menschliche Weise sehen können, so wäre es solch ein Bild gewesen, daß eine kleine, graue, zerlumpte Seele auf dem Boden gekauert wäre vor dem Gewaltigen, die zitternd in der Finsternis alles herlegte vor dessen unsichtbare Füße, was alles ihr lieb war, das und das, alles, noch ein Ding und immer noch etwas und täglich so weiter. So sehr fürchtete ich mich vor Gott, daß ich glaubte, alles herlegen zu müssen, als einen Kaufpreis und ein Lösegeld, das Er von mir forderte, ehe Er die Krankheit von mir wegnehmen werde. Auch hoffte ich, es könnte dann auf irgendeine Weise dazu kommen, daß ich mehr über Ihn wüßte und mich nicht mehr solcher Art zu fürchten brauchte vor Ihm, als wäre Er nur zu meinem Verhängnis da. Vor allem andern aber verlangte ich, mir damit Sein Wohlgefallen an mir zurückkaufen zu können.

Daß ich das verloren hatte, ehe ich krank geworden war, das wußte ich wohl.

Jedermann weiß, ohne darüber nachdenken zu müssen, was Großes ein menschliches Herz ist. Kaum jemanden gibt es auf der Welt, der sein eigenes Herz nicht über alles liebte. Und tut einer das Größte, was er tun kann, so besteht es doch darin, daß er sein Herz nicht mehr für sich allein behält, das Liebste und Kostbarste, was er hat, nicht mehr zu seiner eigenen Freude besitzen will, sondern es frei und gänzlich hingibt, ohne sich dafür bezahlen zu lassen.

Nie wird mir auf Erden etwas Großes größer vorkommen als dieses.

In unseren Kirchen stehen Opferstöcke, nahe beim Portal. Oft hängt ein bedrucktes Kartonstück daran oder ein Metallschildchen, auf dem zu lesen ist, für wen oder für welchen Zweck das hineingelegte Geld der Gläubigen verwendet wird. Nun war mein Herz solch eine Münze geworden, die ich herlegen mußte auf den Opferteller des ewigen Gottes, und ich sollte es hinunterlassen in den Opferstock, an dem keine Anschrift stand, zu welchem Zweck!

So sollte also mein Herz, und das ist doch ich selbst, zu gar keinem andern Zweck auf Erden sein als dazu, in der finsteren Öffnung des Opferstockes Gottes zu verschwinden, ohne zu wissen wozu, kurz zu gar keinem Zweck?

Nach meiner Heimkehr aus der Heilstätte stieß wer – wer anders? – eine Türe in mir auf. Am Schwarzsee, zu Füßen des Matterhorns, geschah das.

Man hatte mich in die Laienspiel-Arbeit in der Schweizerischen katholischen Mädchenjugend-Bewegung geholt. Nach zwei Jahren kam mir vor, ich müsse irgendwo anders hin, müsse irgend etwas zu tun haben, das mich nach innen hinein führt, steuert oder trägt oder treibt.

Im zweiten Sommer standen wir – wir Frauen vom Team – am Ufer des von den Bergen verdunkelten

Sees, morgens um fünf Uhr am Ort des, wie es am Hotel hieß, «berühmtesten Sonnenaufgangs Europas». Standen da – auch meine Mutter war dabei –, in der Frühkälte in Wolldecken gewickelt, und erwarteten die Sonnenkugel auf dem Eis-Grat, über den herauf sie kommen mußte.

Ich hatte bei mir gedacht: Wenn sie oben steht, rund und strahlend und ganz, muß Jesus mir sagen, wohin ich gehen soll. Weg von meiner Laienspiel-Arbeit, irgendwohin, wo es kein Theater gibt. Auf einmal überkam mich eine große Ruhe. Ich stand, stand nur noch da. Nichts weiter. Wie lange, weiß ich nicht. Die Sonne kam, aber meine Frage blieb unbeantwortet.

Wir gingen ins Hotel zurück. Meine Mutter fragte mich im Hingehen: «Du standest da wie Lots Weib.»

Sie meinte: wie zur Salzsäule erstarrt. «Was war denn mit dir?» Ich wußte es nicht, wunderte mich nur, daß Mama sich auf einmal so unerwartet biblisch ausdrückte.

Die Antwort auf mein: «Wohin jetzt?» kam kurz darauf in der Messe.

Da wußte ich, wohin gehen und was ich zu tun hatte. Auf welche Weise ich das erfuhr, erzähle ich später, oder vielleicht gar nicht, je nachdem. Aber daß ich seither weiß, es gibt ein Innerstes im Menschen, wo Gott ist und wirkt, damit verrate ich kein Geheimnis, das sagt das Evangelium und gehört somit in die Verkündigung der Kirche.

3.

Glaube

Ihre Antwort ist deutlich. Sie sind «drinnen», weil Sie hineingezogen worden sind, hinein ins Kloster, hinein in diese besondere Erfahrung der Gegenwart Gottes. Was heißt das? Wenn man Ihre Werke liest, so stellt man fest, daß diese Gegenwart Gottes nichts Statisches ist, sondern ein Geschehen, ein Ereignis:

Ihre Erzählung «Der Fisch und Bar Abbas» beginnt mit der erregten Mitteilung, daß etwas Gewaltiges passiert, das alle angeht und für jeden entscheidend wichtig ist, da er es realisieren und richtig beantworten muß. Dieses allumfassende und alle betreffende Ereignis begann mit Schöpfung und Abkehr von Gott («Sündenfall»), hat seine Mitte in Jesus Christus und findet seine Vollendung in Gott. Es ist diese eine Botschaft, die auch in den anderen monastischen Schriften, ja eigentlich im ganzen Werk seit dem Klostereintritt dargestellt und ausgefaltet wird. Wobei Sie darauf achten, die brennende Aktualität dieses Ereignisses bewußtzumachen. Darin unterscheiden sich Ihre Schriften deutlich von der üblichen Theologie, welche distanziert von vergangener Geschichte und ewigen Wahrheiten berichtet und daraus eventuell Anreize und Motivationen für die heutige Praxis holt. Ich vermute, daß sich für Ihr Empfinden die Aktualität dieser Botschaft nicht verringert hat und daß Sie mit Ihrer ganzen klösterlichen Existenz diese bezeugen und «melden» (wie Sie gerne sagen) möchten, daß Sie alle in das Ereignis

Gott hineinziehen möchten. Alle sollen erkennen, daß sie Mitspieler sind.

Drei Tage nach der Uraufführung des «Solothurner Kreuzweg», am 1. April 2001 – immer noch ist da um mich die Kathedrale, immer noch stehe ich in diesem unbeschreiblichen Vorgestern. Ich versuche gar nicht, gewalttätig heraus zu wollen.

Aus dem, was da «aufgeführt» wurde, kann im Grund kein Mensch heraus: Heilsgeschichte in Musik erzählt und verkündet, ist abends um zehn Uhr zu Ende, Sänger, Dirigent, Orchester und Zuhörer gehen nach Hause.

Aber das Ereignis, das «aufgeführt» wurde, geschah, geschieht und ereignet sich weiter. Nicht als christliche Erinnerung, sondern als geistliche Erfahrung.

Auf dieses zeitlose Ereignis und da hinein haben wir Frauen vom Fahr Profeß abgelegt. Das heißt, da hinein sind wir aus allem andern ausgestiegen und weggegangen. Das Andere, die Welt, weiß nichts von dem, was seit Jesus Christus in ihr geschieht. Sie weiß nicht, was das ist, Glaube. Auch wir sehen erst langsam auf unserem geistlichen Weg ein, was der Glaube bedeutet: Darin sein in Christus, das heißt in seinen Geheimnissen.

Die können sich je eigen eröffnen und als persönlicher Glaubensraum und Auftrag erkannt werden.

Gibt es doch Ordensgemeinschaften, deren Schwestern und Brüder in ihrem neuen Namen ihr innerlich erkanntes Christus-Geheimnis nennen: Marie von der Menschwerdung, Paul vom Kreuz, Anna von der Auferstehung, Theresia von der Dreifaltigkeit. Mit dem

Namen empfangen und erfahren sie ihren je eigenen Auftrag, das Christusgeheimnis ihres «Namens» im Hier und Jetzt zu leben.

Glauben heißt mit «offenen Augen» in dieser Wirklichkeit stehen.

Darüber läßt sich nicht diskutieren. Wie soll ich mich rechtfertigen, daß ich eine Sache wahrnehme, die für den andern nicht existiert? Was soll der sagen, wenn er hört, der Glaube an Jesus Christus werfe Licht über die Gegend der Wahrheit? Auch das kann nur der behaupten, der in dieser Gegend steht. Der ist in dieses ganze Geheimnis hineingeholt und sieht es daher sozusagen von innen. Sieht, wie es alles, was ist, übersteigt, unterwandert und durchdringt. Wer kann ihm das im Namen der Vernunft verbieten? Es gibt auch eine erleuchtete Vernunft. Sie erkennt auf dem Weg der Kontemplation als unmittelbar lebendiges Geschehen, was das Dogma begrifflich formuliert.

Wem diese Erfahrung geschenkt wurde, muß davon sprechen, auch wenn kein Mensch zuhört.

Mag sein, sie reift aus dem Herzensgeheimnis, das der Herr bei Johannes in seinem Evangelium selber verrät: «... und wir werden kommen und Wohnung bei ihm nehmen» (14,23).

Das ist es, was mir damals in den Walliserbergen als Wirklichkeit aufgegangen war.

Der Gottesglaube

Der Gottesglaube
sitzt in meinen Augen
zusammengerollt.
Ein Regenbogen,
zusammengerollt.
Falls die Nacht über dich
kommt,
sagt er.

Eingerollt sitzt er
im Dunkel der Augenkapseln.
Die sind aber voll bis oben
von schwarzem Licht.

Zum Sprung bereit
sitzt er da,
falls die Nacht fällt
über dich,
sagt er.
Es eilt aber gar nicht
damit.

Mein Gott,
laß ihn nicht los,
es eilt gar nicht.
Längst ist die Nacht da
und füllt mir die Augen bis oben
mit dir.

4.

Sein zum Leben

Ja, das ist es, worüber wir sprechen müssen, dieses ungeheure Ereignis, in das wir hineingenommen sind, das wir «realisieren» müßten. Bestimmt war die Uraufführung des «Solothurner Kreuzwegs», die ich auch miterleben durfte, für manche eine Hilfe, die Gegenwart und den Ruf dieses Ereignisses neu zu erfahren. Was mich bei Ihrer Botschaft immer wieder besonders betrifft, ist der freudige und befreiende Ton, in dem sie vorgetragen wird. Dabei geht es doch ums Ganze, um Leben oder Tod und um die Begegnung mit einem Gott, den Sie (vgl. 2. Brief) einmal als den Gewaltigen erfahren haben, vor dem man zittert. Andererseits scheint es, daß heute viele die Botschaft nicht mehr vernehmen, was für Gläubige doch eine deprimierende Feststellung bedeutet. Aber das alles hemmt Ihren Schwung nicht, nicht den Schwung des Lobens und Dankens, aber auch nicht den Schwung der Existenz. Man spürt den Geist des hl. Paulus: «Ich strebe danach, es zu ergreifen, weil auch ich von Christus Jesus ergriffen worden bin» (Phil 3,12) und denkt an das Wort eines großen Theologen: «Hingerissen werden ist der Ursprung des Christentums.»

Zwischen Himmelfahrt und Pfingsten –

Heute morgen überlegte ich mir in der Betrachtung, worüber sie wohl nachgedacht, meditiert und gesprochen haben im Obergemach, Maria und die Jünger Jesu. Sicher über die bestürzenden Ereignisse der letzten Wochen: Jesu Tod, Auferstehung, Himmelfahrt und seine Verheißung des Heiligen Geistes, auf die hin sie zusammengekommen waren.

In diesen Tagen sind diese Ereignisse in besonderer Weise der Ort unserer Betrachtung, Anbetung und Erwartung, und wenn es sein muß und verlangt wird, unserer Gespräche und schriftlichen Arbeiten. Ich sage mit Absicht: Ort. Im Hinblick auf die zeitlose Gegenwärtigkeit von Christi Geburt, Leben, Leiden Tod und Auferstehung durch seinen Geist im Heute und Hier.

Um das Ganze, um Leben und Tod gehe es, lese ich da, und Verwunderung über den «befreienden, freudigen Ton», die «helle Erregtheit» meines Berichtes. Aber ist es denn nicht so: Das Unbeschreibliche des Heils-Dramas, in das wir hinein-geschaffen und hinein-geboren sind, besteht es nicht darin, daß sich ein Bruch in der Eisdecke unseres «Seins zum Tod» – der Begriff ist nicht von mir –, hinein in das «Sein zum Leben» ereignet hat und daß wir Frauen vom Fahr wie jede Christin und jeder Christ, denen es ergeht wie uns, mit dem «Glaubenslicht in den Augen» uns selbst in diesem Einbruch sehen, ihm sozusagen zusehen, wie er sich ereignet, im Menschen und in der Welt. Von Tag zu Tag. Kann das nicht in Spannung der Erwartung versetzen? Wir sind doch durch die Taufe in dieses «Sein zum Leben» Hineingeholte und dreifaltig bewohnt (Joh 14,23).

Ich kann mich fragen: Wie von Tag zu Tag? Ja, von Tag zu Tag durch die Eucharistie.

«Unter dem Vorsitz des Priesters, der in der Eucharistie kraft seiner Sendung den Gastgeber Christus selbst gegenwärtig setzt, erfährt die Gemeinde die Verbindung mit dem Auferstandenen. Da dieser seine gesamte irdische Existenz ‹gerafft›, als ‹geistige Summe›, in sich trägt, vergegenwärtigt er sein ganzes vergangenes, sein vergangenes Leben, Inkarnation und Kreuzesopfer, in der Eucharistiefeier.»
(Alexander Gerken, Theologie der Eucharistie)

Des Herrn gesamte geistige Existenz wird da «gerafft», als «geistige Summe» anwesend und bleibend gegenwärtig.

Mein Weg in diese Erfahrung des Glaubens –
Da war am Anfang dieser bedrängende Ruf, der sich immer wieder meldete und nicht enden wollte. Schließlich sagte ich mir: Ich muß ins Kloster.
Die Klausur und ihre Regularität, ihre Gemeinschaft und ihr Schweigen, ihre Liturgie und Meditation, das alles ist aber erst das Haus, der Raum für die große «theologische Entdeckung» des Einbruchs der Herrlichkeit Gottes in die Welt.
In diese Erfahrung hinein ruft der Ruf von Anfang an. Wunderbar dieser Ruf: «Komm!», wenn sich Jahre, Jahrzehnte später erweist, wo hin, wo hinein er rief.

Ich denke, das Geschenk der kontemplativen Erfahrung wird durch das Bleiben, das Verbleiben im konkreten, alltäglichen Stehen und Mitgehen im Willen Gottes gewährt. Im tapfer gelebten monastischen Alltag, im Durchhalten der Krisen, Härten, Ängste und Einsamkeiten.

Die geistlichen Kenner sprechen vom unumgänglichen Weg der Läuterung auf diese Lichtzeit des inneren Lebens hin.

Kloster, Ort, von wo aus das Eigene immer weniger wichtig wird, selbst sein geistliches Suchen, Befinden und Erleben. Wichtig wird der Platz, an den die Nonne hingehört: die Kirche als der Ort der objektiven Wahrheit von Gott und Welt in Jesus Christus.

Es geht nicht mehr um Vollkommenheit, es geht um Jesus, sein Wort und sein Geheimnis.

Es kann ihr allerdings aufgetragen sein, diesen Weg aus dem natürlichen Kloster-Dasein in dieses Neue auszusprechen oder aufzuschreiben.

Zwei Texte aus der ersten monastischen Zeit:

In der Klausur hat man
ein hartes weißes Tuch um den Kopf
zunächst,
und die Bäume singen auch
nicht mehr.
Ich möchte meinem kleinen Bruder
sagen:
Es ist etwas dahinter,
verstehst du.
Hinter den Wäschekörben
und Antiphonarien
und hinter der Dogmatik,
dahinter.

Das ist die Ahnung, die sich im Verlauf der Klosterjahre bewahrheiten wird: Das Dahinter wird sich auftun und wahrnehmen lassen. Man lebt im Kloster auf etwas, auf jemanden zu, auf das, auf den man sich gerufen weiß.

Einmal wird es gewiß ausbrechen
dann wird alles zerspringen
dann, versteht sich
Da kann nichts mehr bleiben
Auch dieser Hof nicht
auch das Blumenhaus nicht
alles wird weg sein dann
der Turm und die Mühle
alles
der Kräutergarten
der Quittenbaum und der
Gänsestall
wird alles zerspringen
und weg sein
wenn es ausbricht
Ich muß mich nur
gedulden
sicher
Die Lilien am Bach
riechen so stark
in die Zelle hinein
nachts

Bilder für eine heimlich sich vollziehende innere Veränderung. Es kommt uns vor, als werde die ganze sinnenhafte «Vorderheit» der Welt, ihre Sicht- und Greifbarkeit auf unserer leeren Bewußtseins-Scheibe wie durchkreuzt, Zeichen, daß sie ihren absoluten Geltungsschein verliert. Ich denke an Paulus: Auch ihm war die Welt gekreuzigt. In diese Richtung geht die Erfahrung. Dadurch macht sich das «Dahinter», das heißt, die Wirklichkeit «Gott» wahrnehmbar.

Das Kloster wird auf diese Weise Ort einer alles relativierenden, alles übersteigenden, durchdringenden, mit nichts zu beruhigenden Erwartung auf Gott.

5.

Das Christliche

Was soll man tun, wenn der Ruf einen getroffen hat, wenn Gott aufgestrahlt ist im Herzen und die Herrlichkeit Gottes auf dem Antlitz Christi einen gepackt hat (vgl. 2 Kor 4,6)? – In Ihrer Darstellung ist der Eintritt in eine Klostergemeinschaft mit Klausur ein radikales und zeichenhaftes Realisieren dieser Antwort. Bei diesem Eintritt wird alles andere, wird die Schönheit der Natur und selbst die bisherige Beziehung zum Mitmenschen zurückgelassen, um total für Gott dazusein. Dios basta, Gott allein genügt (Theresa von Avila). Je radikaler das geschieht, desto strahlender ist das Zeugnis.

Doch ist diese Radikalform einer Antwort auch vorbildlich für alle? Aber wie ist es dann mit dem «gewöhnlichen Christen», mit dem Laien? Er kann und soll doch auch heilig, und das heißt: ein radikaler Christ sein. Und wenn ich an Ihre Betonung der christlichen Botschaft denke: Er steht ja wie die Nonne mitten in dem Ereignis, das ihn zutiefst betrifft; er kann gar keinen Standort außerhalb finden, kann sich nicht in einen bloßen Zuschauer verwandeln. Ist er denn als Laie von vornherein ein schlechter Mitspieler, der eine Rolle spielt, die gerade noch geduldet wird?

Hat Jesus zwei Stände gegründet? Jünger und Laien?

Sicher ist, die auf Erden sich ereignende Auferstehung weiß nichts von Laien. Jesus sprach weder vor noch nach seiner Auferstehung von Laien. Nur von Jüngern. Damit meint er nicht nur die paar um ihn, sondern alle Völker, die ganze Menschheit … «Macht sie zu meinen Jüngern.»

Der Christ ist Jünger von Natur aus. Was soll er sonst sein? Es kann in Christi Kirche, seiner exemplarischen Jüngerin, keine weitere Seins-Kategorien geben. Daß Jesus das Amt und damit die Weihe und damit das eigentliche Priestertum will und schafft, ändert nichts an dieser Tatsache. Meine Jüngerschaft leben, ob nach den sogenannten Räten im geistlichen Stand, ob im Weltstand, das macht mich zum Christen. Christsein heißt Jesus nachfolgen. Diese Nachfolge ist das Christliche.

«Ob er wirklich Gott sucht» (Regel 58,7) ist Sankt Benedikts Kriterium für die Zulassung zur Ordensprofeß. Vielleicht sagte er besser: «Ob er wirklich Jesus Christus sucht». Gott suchen alle Religionen. Der Gott der Christen muß in Jesus Christus gesucht und gefunden werden. Jesus suchen heißt Gott suchen, Jesus finden heißt Gott finden. Um seinen und unsern Gott zu finden, müssen wir ihm nachfolgen. Nachfolgen kann ich nur, wenn ich ihn gefunden habe. Das bedeutet: Ich muß ihn suchen. Ob im Kloster, ob nicht im Kloster, für den Christen gibt es nichts anderes, und das kann man nicht einmal Radikalität nennen.

Jesus suchen, entdecken, erkennen, erfahren, in seinen Geheimnissen schauen und mitleben ist nichts als christlich.

Jeder Jünger und jede Jüngerin hat Jesus in seiner eigenen Weise, an seinem Ort zu suchen. Das tut er, tut sie nur, wenn das Christsein als Jüngerschaft verstanden wird, also als Jesus-Beziehung. Das ist der Begriff und der Inhalt und der Weg.

Alle spirituellen Wege über Meditations-Methoden zum Beispiel, die nicht ins Evangelium, in die Heilige Schrift hinein und aus ihr heraus in die Jesus-Beziehung führen, sind Wege am Ziel vorbei.

Das Erstaunliche ist: Jesus ist immer selbst Bewegung auf seine Jünger zu. Er macht sich für sie auf viele Weisen erfahrbar, vor allem im Wort der Schrift und in der Eucharistie. Er selbst wirkt schöpferisch das Zueinander – der Himmel ist immer zuerst.

Das ist letztlich das große Geheimnis und Glück unseres Lebens: Unser Herr läßt sich im Erlernen und Erleiden der Gott-Suche, eins mit Vater und Geist, im Herzen erfahren, gerade insoweit wir uns als Christen, und das heißt als Jüngerinnen und Jünger in der konkreten Nachfolge Jesu Christi verstehen.

Vor ein paar Jahren kam Schwester Benigna, eine Zisterzienserin, zu uns, um sich in der Technik der Keramik einzuüben. Ich schrieb damals an einem Auftrag des schweizerischen Tournee-Theaters «Theater 58». Soviel ich mich erinnere, war es das Stück «Sie kamen in die Stadt». Das Phänomen von Jesu Auferstehung beschäftigte mich im Hinblick auf das Problem einer bühnengemäßen Präsenz im Heute.

Ich bat Schwester Benigna um einen Spaziergang im Garten. Dabei entwarf ich ihr mein theologisches Anliegen.

Sie unterbrach mich gleich: «Auferstehung Jesu?», sie suche nicht Jesus, sondern Gott.

Soviel ich später erfuhr, ging es Jahre, bis Schwester Benigna ihre, mir unbegreiflich stets verschobene Profeß ablegte. Könnte der Grund nicht darin liegen, daß sie Gott an Jesus vorbei suchte?

6.

Der Durchbruch

Sie haben in Ihrem letzten Brief leidenschaftlich daran erinnert, daß es nur eine Form des Christseins gibt, nämlich das Jüngersein. Und das heißt Nachfolge Christi. Der besondere Weg einer Klosterfrau, zu dem sie von Gott berufen ist, besteht darin, daß er ausdrücklicher, zeichenhafter auf Haltungen hinweist, die in jedes Christenleben hineingehören. Die zentrale Haltung ist dabei, wie Sie betonen, die Jesus-Beziehung, die Offenheit für den Sohn, das Wort Gottes. Dies gelingt aber nur durch große Aufmerksamkeit auf das Wort Gottes in der Heiligen Schrift.

Zwar bildete die sogenannte geistliche Lesung schon immer einen bedeutsamen Abschnitt im Tagesablauf einer Benediktinerin. Mir scheint nun aber, daß die Hinwendung zur Heiligen Schrift für Euch heute noch wichtiger geworden ist. Seit dem Eintritt in das Kloster scheint Sie die Schrift zunehmend interessiert zu haben, und Ihren Mitschwestern geht es ähnlich, was sich etwa in neu entstandenen Bibelgruppen zeigt. Kann man sagen, daß das klösterliche Leben jetzt biblischer, direkter auf das Wort Gottes ausgerichtet ist? Und daß es sich darin dem Besten der protestantischen Tradition genähert hat? Und welche Rolle spielt bei diesem Horchen auf Gottes Wort Meditation bzw. Kontemplation, Worte, die heute in aller Munde sind?

Meine Entdeckung der Bibel zu Beginn meiner Klosterjahre war ein Durchbruch durch die Rinde meines Glaubens in seine Substanz. Die hatte ich bis dahin mehr abstrakt und theoretisch als lebendig erfahren.

Es war sonderbarerweise eines der schwierigsten Bücher des Alten Testamentes, das mir die Türe ins «Geheimnis Schrift» auftat. Einen Spalt weit erst, aber breit genug, um mir jene Sichthelle zu schenken, die sich seither, wie mir scheint, in meinem Glaubensraum nach unten und nach oben auszubreiten und darin einzudringen beginnt.

Es war das Buch des Propheten Hosea. Das holte mich in die Heilsgeschichte wie in eine offene Gegend hinein.

Zur selben Zeit las uns im Noviziat unser alter Spiritual aus einem Werk vor, das in der modernen Bibeltheologie nirgends mehr erscheint: «Das Leben Jesu» des Würzburger Theologen Josef Grimm. Da sprach ein Wissenschaftler, der in die Heils-Zusammenhänge sah, und mir «brannte das Herz» (vgl. Lk 24,32).

Zusammenhang, das war das Neue.

Diesen Zusammenhang entdecken, ihn aus den einzelnen Texten erspüren, führt nach und nach in die Zusammenschau. Ich stehe dann vor dem heiligen Phänomen, daß es sich in allen zweiundsiebzig Büchern der Bibel im Grunde um ein Ahnen, ein Ertasten, ein Erkennen, ein Sehen, ja um das Suchen, Erwarten und Finden, ja Erfahren eines Menschen handelt, der – wie er sich, wie alles ihn erweist – der Messias, der Christus, der uns von Gott Gesandte ist.

Wer aber darin steht, der weiß eigentlich das Ganze. Er weiß es auf eine nicht definierbare Weise, es holt ihn als Christ, als Nonne, als Mönch von allen Seiten ein. Von jetzt an las ich keine theologischen Bücher mehr. Christologie der Bibel, dachte ich, das genügt.

Christologie der Bibel –

Es gibt unter ihrem Wort den zeitlos fließenden Strom. Geht man behutsam wie ein Rutengänger, die Rute seiner Sehnsucht vor sich hertragend, durch ihre Texte, bricht er als Person und Geheimnis unseres Herrn, in Jesus von Nazareth, im Zweiten Testament als das «lebendige Wasser» immer wieder ans Licht herauf.

Von da her hat nun alles seinen Sinn: das Menschsein, das Nonnesein, das Leben, der Tod. Und diesen Sinn gefunden zu haben bedeutet im Tiefsten, das Geheimnis des inneren Menschen gefunden zu haben, das heißt, grundsätzlich schon angekommen zu sein, in der innersten Zelle seines Herzens, wo er den Himmel mit sich herumträgt (Joh 14,23).

7.

Das Wort im Alltag

Sie nennen die Entdeckung der Bibel einen Durchbruch, der Sie den eigentlichen Sinn des Lebens finden ließ. Ein Licht, das sich seither in Ihrem Glaubensraum nach unten und oben ausbreitet. Wie dringt es in Ihren Alltag ein?

Eine zentrale und für Außenstehende eher überraschende Aussage Ihres monastischen Werkes ist die Betonung des klösterlichen Alltages. Er, in seiner genauen Unterteilung in Gebet, Lesung und Arbeit, in seiner Gewöhnlichkeit, Eintönigkeit und Unentrinnbarkeit, ist ein wichtiger Erzieher auf Christus hin. Daß gerade damit der heutige Mensch große Schwierigkeiten hat, ist Ihnen bekannt: Er fühlt sich so sehr Zwängen unterworfen, daß ihm nichts erstrebenswerter scheint als der Ausbruch. Sein Interesse ist ganz auf Ferienabenteuer ausgerichtet, und er bewundert jene, die sich zu einer alternativen Lebensweise durchgerungen haben. Zu diesen zählt für manche auch das Klosterleben. Und nun besteht dieses vor allem aus grauem Alltag, aus «dem tapfer gelebten monastischen Alltag», wie es in Ihrem vierten Brief heißt. Und gerade das soll befreiend sein? Wie kann man das erklären und plausibel machen? Und was raten Sie den geplagten Menschen in der heutigen hektischen Welt?

Liturgie und Meditationszeit sind zu Ende. Schwester Glöcknerin zieht den Strick an der kleinen Glocke im

Treppenhaus, sie bimmelt drei-, viermal, der Alltag setzt ein. Immer derselbe. Hinunter zur Arbeit, hinauf zum Gebet, hinüber in die Lesung, rundum so den Tag über und morgen wieder und immer so weiter, Mühe und Mühsal gewiß, aber das ist nicht der Alltag.

Las ich da heute in der Früh in der Heiligen Schrift:

> «Das arme, demütige Volk in deiner Mitte
> werde ich nicht im Stich lassen, denn es
> sucht seine Zuflucht im Namen des Herrn.»
> (Zef 3,12)

Nun fließt dieses Prophetenwort durch meinen dürren, «geschienten» Tag, geht mit mir herum, es deutet sich einmal so, einmal so, unsere Klostergänge sind lang, und es wird seltsam «süß» – nicht wie Zucker, gewiß nicht, aber es ist ein so «wohlschmeckender» Gedanke, daß ich ihn nicht lassen kann, er bleibt mir, ich gehe mit ihm durch den Tag, und er trägt mich.

Warum gerade dieses Wort?

Es kann jedes andere sein, das mich in der Lesung trifft oder in der Messe. Unten im Kreuzgang, neben der Salve-Regina-Kapelle, liegt die Heilige Schrift und ein Körbchen mit Zitatzettelchen. Wer will, zieht sich eines davon, sucht dann den «gezogenen» Vers in der Bibel und nimmt ihn als Leitwort mit in seinen Alltag.

Mein Zefanja-Text, ein noch kaum gehörtes Wort, sagt mir, wohin ich zu gehören habe, zum Volk des Herrn, das arm und demütig ist und in seinem Namen Zuflucht sucht.

In wessen Namen?

Im Namen des «Ich bin auf dich hin da.»

Da möchte ich mich wohl bergen unter den Flügeln deiner Gegenwart, Gott …

Dort ist man gewiß «arm und demütig» und glücklich!

So geht es dann überlegend, fragend, erkennend und betend mit mir treppab in die Küche, im Lift hinauf an den PC, hinüber mit meiner Post auf das Priorat. Das Resultat ist die Sicherheit, daß der Tag, so wie er läuft und mich hat und beansprucht, der Ort ist, um den Sinn und das Geheimnis in Gottes Wort, auch aus diesem Wort des Zefanja zu erkennen. Ich fliehe in diesen «Namen des Herrn» hinein, nicht nur vor meiner Langeweile, meiner schlechten Laune, meiner Lust, mich gehenzulassen, fliehe da hinein vor all den Anfechtungen, die in mir lauern.

Das Bibelwort meiner Morgenbetrachtung öffnet mir die Augen für den gegenwärtigen Gott in meinem armen, so sehr gesegneten Klausurtag.

Das Wort ist der Weg, Weg durch die Alltagswüste in die Erfahrung Gottes. Da will aber die Nonne mit ihrem ganzen Dasein und Wesen hin. Wie kann sie da aussteigen aus der Mühe und Mühsal des alltäglichen Gehorsams? Es ist so: Das gehorsame Gehen auf dem Wüstenweg des Tages unterm Licht und an den Wasserquellen der Heiligen Schrift führt uns immer mehr in die Tiefe, wo sich das Geheimnis, das «Gott» heißt, seinem «armen und demütigen Volk» eröffnet und schenkt.

Bin ich denn nicht arm, wenn ich gehorche, von Stunde zu Stunde, heute und morgen und immer gehorche? Ist diese Armut Gehorsam, dann wird sie wohl auch Demut sein, und dann ist alles gut, denn dann gehöre ich zu diesem Volk, «das seine Zuflucht sucht beim Namen des Herrn».

«Das Mönchtum ist aus der Schrift hervorgegangen, und ist von ihrem gemeinsamen Ursprung und Herkommen ein Leben nach der Schrift», schreibt Abt Christian Schütz.

Gehen wir mit unserem «Wort im Tag» oder unserem «Tag unterm Wort» nicht wie von selbst den Weg der Wüstenväter?

Warum soll dieser Wort-Weg nicht auch den Christen draußen durch seinen Alltag führen? Was sagt der Herr bei Zefania: «... werde ich nicht im Stich lassen ...» (Zef 3,12).

Im Stich lassen? Sein armes, demütiges Volk? Das kann er nicht, darum nicht, weil es seine Zuflucht sucht im «Namen des Herrn». Wie ist das? Zuflucht suchen in einem Namen?

Der Name des Herrn ist mehr als der Name einer Person. Er ist die Wirklichkeit, Wesenheit, die Präsenz Gottes, der sich identifiziert im Namen «Ich bin, der da ist» (Ex 3). Dieser Gottesname bedeutet neutestamentlich «Jesus», denn Jesus heißt «Jahwe rettet».

> «Jesus ist ein hochtheologischer Seins-Name,
> die Jahwe-Präsenz in Jesus bezeugend.»
> (Alfons Deissler)

Vor Jahren hatte uns Pater Johannes H. in seinem Vortrag vom Geheimnis des Namens Jesus und von der Spiritualität dieses Namens gesprochen, was mich damals nicht überzeugte. Heute halte ich diesen Jahwe =

Jesusname für den Schatz im Acker, für den man Kopf, Herz und Willen herzugeben hat, um ihn zu gewinnen.

Da sich das auch in vielen Worten schwer zu erklären gibt, versuche auch ich nicht, meine Erfahrungen mit dem sogenannten Jesus-Gebet der alten Mönche hier auszulegen. Mir schenkt es den Ort der Zuflucht vor Welt, Teufel und mir selber, die Geborgenheit in Gottes Erbarmen.

Und ich singe sing
im Gehen
deinen Namen
und der Regenbogen springt
heraus und bringt
mich tief zur Ruh

Und ich singe sing
im Knien
deinen Namen
und die Archetaube
schwingt
heraus
und deckt
die Sintflut zu

8.

Arbeiten

«Tut bei Tag, was ihr zu tun habt,
bevor die Nacht kommt.»

«Lauft, solange ihr das Licht habt,
bevor die Nacht kommt.»

Beides meint dasselbe.

Im zweiten Vers interpretiert der Mönchsvater Benedikt den ersten, den aus dem Buch Sirach 51,30.

Er sieht das Tun als ein Laufen, als ein drängendes, dringendes «Weiter, nach vorne!» Als eine eilige Reise. die nachts nicht möglich ist.

Dieses Laufen bedeutet für uns Frauen im Kloster alles, was uns ins «neue Licht» hineintreibt, ins «Leben», ins Eigentliche, in das Bleibende.

Das geschieht nicht nur durch Gebet und Sakrament, nicht nur durch die Meditation, nicht nur durch geistliches Studium, Schweigen, geistliches Gespräch, nicht nur durch Dienst am Menschen, durch das Leben in der Gemeinschaft, durch all dies gewiß, aber auch in der täglichen hand- und kopffesten Arbeit.

«Laufen» heißt im Kloster konkret, dem schlappmachenden, blinden Müßiggang, dem unsere Natur jeden Alters zuneigt, entkommen.

Arbeiten heißt hier, der «Nacht entlaufen», dem geistigen und körperlichen Dahinleben in Träumen und Nichtstun, dem langsamen Verkommen aller Kräfte, dem vorzeitigen Vergreisen und Verkümmern, dem Versinken in Sucht und Schuld.

Der sprichwörtliche «Mönchsfleiß» drückt das Ethos, die Bedeutung, den Wert der Arbeit, jeder echten Arbeit in unseren Klöstern seit Anfang des Mönchtums aus.

Ich glaube nicht, daß jemand die kulturkämpferische «Definition»: «Wo der Mönch seinen Fuß hinsetzt, da wächst kein Gras mehr» heute in allem Ernst noch für voll nimmt.

Wenn es heißt: «Ich glaube, darum rede ich», kann man auch sagen: «Ich glaube, darum arbeite ich.»

Richtiger wäre vielleicht: «Ich glaube, darum sehe ich, warum ich arbeite.»

Natürlich arbeiten wir, arbeitet jede von uns, um unserer Gemeinschaft den Unterhalt zu verdienen. Aber eine Nonne ist zuerst eine Frau, die Gott, und das heißt: seiner Offenbarung, glaubt.

Dieser Glaube macht sehend. Darum sieht sie, worin sie jetzt schon steht: im Eigentlichen, im Kommenden, in dem, was sie im tiefsten Herzen ersehnt: im Sinn ihrs Daseins, ihn leben, jetzt schon.

Diese Sicht der Arbeit, wo auch immer, ob in der Paramentenweberei, in der Keramikwerkstätte, im Garten, im Weinberg, im Kloster-Haushalt, in Kirchenraum und Sakristei, im Büro, in der Küche, am PC, in unserer Schule, für die Gäste, an der Klosterpforte, überall und jederzeit, diese Sicht integriert alle Tätigkeiten, die unser Gehorsam uns zuweist, in unser Dasein vor Gott.

Und ungespalten zwischen Schaffen und Beten wächst man so in die Einheit mit sich selber.

Ora et labora, Arbeit und Gebet in bewußter Treue, können so zur Gotteserfahrung werden, zum Laufen hinein in die Wirklichkeit hinter aller Welt und mitten in ihr.

9.

Die Nonne Gomer

Liest man Ihren letzten, zweiteiligen Brief, spürt man, wie sehr eine Klosterfrau in eine Bewegung hineingenommen ist, die sie mit ihrem ganzen Leben immer mehr in das Geheimnis Gottes hineinführt. Aber zugleich geben Sie der Nonne den Namen Gomer. Den Namen der untreuen Frau des Propheten. Kann denn eine Nonne Gomer sein? Sie war es vielleicht vor ihrem Eintritt ins Kloster, aber nun müßte sie sich doch zu einem Leben der Treue durchgerungen haben.

Wir erinnern uns: Der Ruf Gottes muß mit einem entschlossenen Schritt, mit einem vorbehaltlosen Ja beantwortet werden. Dies gilt für alle, ob sie zur Lebensform der evangelischen Räte berufen sind oder nicht. Dieser Entscheid gibt dem Leben eine Prägung und eine Richtung, ein-für-allemal. Das kommt bei der Nonne darin zum Ausdruck, daß sie ewige Gelübde ablegt. Etwas anderes kommt gar nicht in Frage. Gott ist der Unvergleichliche, der, wenn er ruft, allem anderen vorgezogen werden muß. Man hat diesen Schritt, ja Sprung gewagt, ist in das Ereignis der Zuwendung Gottes hineingerissen worden und ist nun auf seiner Seite.

So müßte es doch sein. Aber seltsam: Menschen, die von sich selber sagen, sie hätten sich ein für allemal Gott zugekehrt und stünden nun auf seiner Seite, wirken unglaubwürdig. Weshalb?

Sie zählen sich zu den Guten und blicken auf die anderen herab – und schon ist die demütige Gesinnung Christi in ihr Gegenteil verkehrt. Vielleicht liegt es daran: Der Herr ist zwar verborgen schon da, aber er ist immer auch erst im Kommen. Deshalb ist die Nonne schon bei ihm, auf «seiner Seite» und muß ihm gleichwohl immer entgegengehen. Sie ist immer auf dem Weg zu ihm, und auf diesem Wege hat es Hindernisse. Das aber ermüdet. Verleitet vielleicht dazu, innezuhalten oder gar zurückzuschreiten. Nicht ohne Grund spricht man von der Notwendigkeit einer zweiten Konversion, die ja von Theresa von Avila anschaulich beschrieben worden ist. Könnten Sie uns aus Ihrer geistlichen Erfahrung heraus diesen «Hindernislauf», der das Klosterleben auch ist, etwas näher schildern, um uns Hilfen für unseren geistlichen Reifungsprozeß zu geben?

Gomer, die davongelaufene Frau des Propheten Hosea, die «Nonne» in meinem Buch «Der Tanz des Gehorsams», antwortet selber auf die Frage, warum ich eine Nonne mit diesem liederlichen Mädchen, der Tochter des Zöllners Diblajim, die Hosea auf Befehl Jahwes heiraten mußte, identifiziere:

Gomer ist alle
Alle sind Gomer
Ich bin auch Gomer
Diblajims Tochter
Eine Nonne ist immer Gomer
Gomer muß ja doch
heimkehren
zu ihrem ersten Mann
Eine Nonne kehrt
immer heim

Diese Davongelaufene bin ich.

Schon sehr bald hatte ich diese Wahrheit zur Kenntnis zu nehmen. Da wird im Fahr bei Tisch die Regel Benedikts vorgelesen, und ich hörte wörtlich:

> «Höre, meine Tochter, auf die Lehren des Meisters,
> und neige das Ohr deines Herzens.
> Nimm die Mahnung deines gütigen Vaters
> willig an, und erfülle sie in der Tat.
> So wirst du durch mühevollen Gehorsam
> zu dem heimkehren, dem du in trägem
> Ungehorsam davongelaufen bist.»
> (Prolog der Regel)

Damit wird uns unsere Lage gezeigt: Wir sind nicht einfach dann und wann und immer wieder sündig von Gott weggelaufen, wir sind in die falsche Richtung geboren.

Aber die Gabe der «Erlösung von der falschen Richtung» dreht uns richtig, in die «Richtung Gott». Er hat uns zu sich umgewendet, als er sich uns zugewandt hat.

Wir sind aber frei und haben den Anti-Dreh in uns, den Dreh immer zu uns selbst, auf uns hin. Der ist uns geblieben, absichtlich gelassen von Gott. Er will, daß wir uns frei entscheiden: «Ich oder du?»

Es gibt daher fraglos Rückfälle in die vor-klösterliche Praxis des Davonlaufens. Mit der Zeit werden aber Verstand und Herz immer sensibler für die Unfähigkeit, sich selber zu bekehren. Die «Wahrheit Mensch» wird erkannt.

Böse ist Gomer, der Mensch.
Was da weglief einst

sein eigenes Pferd bestieg
und davonritt
dem herrlichen Herrn
und Gemahl Gott
was da fortritt und abfiel
im Abfall der Menschheit
das bin ich
ich Gomer die Nonne.
Bin ich noch immer
bin ich noch jetzt.
Immerzu Abfallende
immerzu
Gott sei mir gnädig

Der Rückfall «ins Eigene», der bis zum Austritt geht, ist immer möglich und geschieht auch.

Geschieht heute oft als demonstratives Nein gegen Kirche und Christus, ungescheut offen, aggressiv und häßlich.

Vielleicht auch von daher wird im Kloster etwas immer klarer erkannt: Es gibt das Alte, und es gibt das Neue.

Wir kennen das von Jesus selber her: Er spricht vom alten Wein und vom neuen Wein, vom alten Weinschlauch und vom neuen Weinschlauch, vom alten Kleid und vom neuen Kleid. Und Paulus fährt fort und redet vom alten Teig und vom neuen Teig, vom alten Menschen und vom neuen Menschen, von der alten Schöpfung und von der neuen Schöpfung.

Das Kloster ist nicht einfachhin «das Neue». Es steht aber als das «Haus der Weisheit mit den sieben Säulen» aus dem Buch der Sprüche (9,1) mit ihrem unerhörten Angebot am Marktplatz der Welt. Was es anbietet, ist das neue Leben. Wer da eintritt, wird vielmehr vom Neuen nicht nur wie ein Gast begrüßt und bewirtet – um im Bild des Buches der Sprüche zu bleiben (Spr 9,5): Er wird vom Neuen ergriffen und in Besitz genommen, und das, was ihm da zustößt, ist die eigentliche Erfahrung, die sein Glaube, sein Herz, seine Berufung verlangt.

Wir bleiben dabei alter Schlauch, alter Teig, alter Mensch und alte Schöpfung. Wie kann sonst Franz von Sales erklären, unser Egoismus – das ist unser alter Schlauch – sterbe eine Viertelstunde nach dem Tod? Die Nonne, der Mönch des heiligen Benedikt kennt aber dessen Demutslehre und weiß: Der Zöllner aus dem Evangelium hinten im Tempel, der nicht wagt, seine Augen zum Himmel zu erheben, empfängt die Fülle des Erbarmens. Und das ist «das Neue», im Tiefsten nichts anderes als: «Wir werden kommen und Wohnung bei ihm nehmen» (Joh 14,23).

10.

Beichten

Ihre Ausführungen über die Nonne als Gomer zeigen, wie dramatisch das Leben im Kloster in Wirklichkeit ist. Was von außen betrachtet wie ein ruhiges, behütetes, eher spannungsloses Dasein aussieht, ist eine dauernde Auseinandersetzung zwischen Alt und Neu und ist so immer auch Rückfall und Neuanfang. Im christlichen Leben außerhalb des Klosters ist das nicht anders. In diese Situation hinein ist uns vom Herrn das Sakrament der Buße geschenkt als Angebot der Versöhnung und des Neuanfangs. Können Sie uns schildern, welche Bedeutung dieses Sakrament für Sie hat und in welcher Weise Sie es empfangen?

In meiner bisherigen Beichtpraxis gab es eine unverhohlene Arroganz. Ich ging beichten, damit es wieder stimmt zwischen Gott und mir. Als ob das jemals stimmen könnte.

Das ist das Schiefe an meinem Beichten: Man kann seine Defizite nicht aus sich heraus und von überallher zusammenholen und als unbezahlte Rechnungen vor Gott auf dem Tisch ausbreiten, damit er sie mit einer Handbewegung herunterwische und wir uns als gute Freund und Freundin wieder trennen bis zum nächsten Mal. So geht es wirklich nicht mehr. Wie denn jetzt?

Anders. Wie anders?

Ich habe mir alles überlegt. Worum geht es mir bei der Beichte?

Ich weiß jetzt: Es geht bei der Beichte um den Ring. Wir erhalten ihn bei der feierlichen Profeß an die Hand gesteckt. Früher sah man in ihm das Zeichen geistlicher Verlobung. Er bedeutet uns auch heute: Bindung an Jesus Christus.

Mein Ring stellt mir die Grundfrage meines Beichtgewissens: Wie lebe ich meine Beziehung, meine Bindung an Jesus Christus im konkreten Alltag? Im Zusammensein mit meinen Schwestern? Bin ich mir bewußt: Jede trägt ihren Ring, jede hat ihre ganz einmalige Liebesgeschichte mit dem Herrn?

Und liegt es nicht hier, daß die Regel St. Benedikts darauf besteht, daß die Nonne, der Mönch Christus nichts, aber gar nichts vorziehe?

Christus nichts vorziehen: die Gewissensfrage nicht nur der Nonne, sondern jedes Christen. Christ, Christin ist man ja nicht durch den Taufschein, sondern man wird es lebenslänglich immer mehr, durch Christus. Und hier liegt Sinn und Ziel der christlichen Beichte, nicht nur der Nonnen: Wie ist meine Beziehung zu Jesus Christus?

Immer wieder hören wir die Frage: «Was habt Ihr Frauen im Kloster denn zu beichten?» Als hätten wir das verfluchte Nein, das den Kosmos vergiftet, nicht auch im Blut.

Christus hat die ganze todkranke Schöpfung entgiftet und damit geheilt. Wieweit lasse ich aber seine Heilung an mir zu? Das heißt, wo verbleibe ich im angestammten Erb-Egoismus, und wie wirkt sich der aus? Ich kann mir das anhand eines Laster- bzw. Tugendkatalogs überlegen. Aber damit stehe ich wieder im selben Problem wie am Anfang: Sünden zusammensuchen, der Reihe nach aufsagen, ausbreiten in «gläubiger» Sicherheit, Gott werde wie immer wieder alles unter den Tisch wischen wie das letzte Mal. Ich sagte aber doch, so nicht mehr.

Mit dem Neuen Testament ins Beichtgespräch gehen – ist das nicht die einzig angemessene Lösung?

An Epiphanie begann ich mit meinem Experiment der Bibel-Beichte. Ich betrachtete die drei Männer, wie sie durch die Wüste ritten, wochenlang, monatelang. So radikal aus allem weg, so hingegeben an ihre Suche, suchten sie das Kind. Unter harten, vielleicht lebensbedrohenden Umständen.

Und ich? Suche ich Gott? Wie suche ich ihn?

Da war ich auf die Grundfrage meines monastischen, meines Gott-geweihten Lebens gestoßen.

Ich bin der Meinung: Meine erste Sünde ist die, daß ich mich noch nie darüber besonnen habe, noch nie darüber angeklagt, noch nie festgestellt habe, wie schuldhaft ich meine, in meiner Profeß gelobte Gottsuche im Konkreten vergesse, verspiele, verdumme und verschlafe.

In dieser Frage ist im Grunde das ganze Defizit meiner Gewissenserforschung eingeschlossen.

Herr, so stellst Du Dich mir in den Weg. Durch das Wort der Schrift. Damit ich mir meiner von dir her bewußt werde. Wann sonst werde ich mir meiner bewußt?

Das ist mein Beicht-Weg, jetzt, der andere.

11.

Schweigen

Diesem Antwortbrief von Schwester Hedwig ist keine Frage vorausgegangen: Da wir in der Welt das «silentium», das klösterliche Schweigen, nicht kennen, erwartete ich von daher keine Hilfe für unsere Alltagsgestaltung. Doch dann kamen diese eindringlichen Zeilen. Unbrauchbar für unsere Praxis? Urteilen Sie selbst.

Wie soll ich wahrnehmen, daß Gott da ist, wenn ich nicht schweige? Selbst ihn draußen im blühenden Frühling, im Wald, am Fluß, in den Sternen nachts erfahren ist nur möglich, wenn ich nicht nur nicht rede; ich muß auch das Denken lassen, den inneren Raum leer lassen, daß dieses Du der Schöpfung, Gott, darin in dir aufleuchten kann. Unerhört ist das, was da geschehen kann. Es sprengt die natürliche Welt auf und holt mich ins unfaßliche Dahinter.

Wer das kennt, wird lebenslang nicht mehr fertig damit, er lebt daraus, da hinein, darauf hin, er wird erst eigentlich auf diese Weise ein Mensch, denn er steht im Ganzen, erdhaft steht er schon im Himmlischen, so unwahrscheinlich, aber wahr. Es ist die Wahrheit, die im Tiefsten und Letzten jeder Mensch sucht: das Ganze.

Dieses innere Schweigen ist dasselbe wie Horchen nach Gott, wie man auf einen Laut horcht in der Nacht. «Hören will ich, was Gott redet.»

Gott redet, seine Gegenwart ist das Wort an mich. Hören, warten, schweigen, dasein ohne Gedanken, das wird Meditieren genannt. Aber ich denke, das braucht man gar nicht so zu benennen, da wird leicht alles wieder in ein weitum propagiertes «spirituelles Tun und Verhalten» hinein fixiert. «Meditieren, das kann ich nicht», sagt jemand. Mußt du auch nicht können. Still sein, mit dir, vor Gott, wo du allein bist, eine kleine Weile, fünf Minuten, das ist alles. Er ist ja da.

> «Und ehe du mich anrufst,
> werde ich sagen: Hier bin ich.»
> (vgl. Jes 58,9)

Gottes Gegenwart macht still.

Das Reden im Kloster wird darum nur dann sinnvoll, wenn es sein muß, sonst nicht. Sonst verdirbt es die Stille in den langen Klostergängen, in den Zellen, im Garten, zerstört den Horche-Raum des Herzens, die Klausur verliert ihren Sinn.

Sie bleibt zwar Reduit, Ort der friedvollen Geborgenheit, der monastischen Gottsuche; wenn wir indes unsere, auch von der Regel angeordnete Schweigsamkeit nicht hüten, üben, pflegen, ist das Kloster weiter nichts als ein großes, gut eingerichtetes, gut organisiertes Haus, wo es zu und her geht wie außerhalb anderswo auch.

Mit den Jahren kann man ohne dieses Schweigen, den einfachen, unauffälligen Zustand der Schweigsamkeit nicht mehr sein. Würden wir aus der Klausur in die

Stadt, in die Welt herausgeholt, wir brächten das Schweigen mit und richteten unser Leben unter allen Umständen dann so ein, daß wir ihm seine Zeit, seine Stunden garantieren, die Ruhe des Herzens durch den Tag tragen könnten, wo immer.

Red ich und red ich,
verbleibst du hinter dem Licht und
wartest
solang in der Nacht, bis ich schweige.

Dann bläst du die Lichter rund um mich
aus,
die Nacht gibt dich frei
und du kommst.

Lichterloh brennt dann
die Stille
von dir, wie ein Stern,
zwischen uns.
Ist ein Nest,
Auge,
Umarmung.

Ich glaube, mit diesem Schweigen vermöchten wir, wenn alle anderen Voraussetzungen wegfielen, unsere monastische Berufung in der Welt weiter zu leben.

Und was außerdem zählt: Schweigsamkeit – ganz abgesehen von seiner Bedeutung für den Weg, Gott zu suchen – bewahrt vor viel Unheil, vor all dem Mißlichen und Bösen, das unser Reden anrichten kann.

Das meint St. Benedikt, wenn er uns erklärt:

«Das Reden,
selbst gute und erbauliche Gespräche
seien dem Jünger, dem Mönch
nur selten erlaubt.»
(Regel)

12.

Das Herz betet von selbst

In den bisherigen Briefen ging es zentral um den geistlichen Weg des Christen. Ein solcher Weg aber will zu einem Ziel führen. Der Mensch, der ihn einschlägt, ist auf der Suche nach einer Erfüllung. Ihm werden heute, besonders von esoterischer Seite, verlockende Verheißungen gemacht. Diese entsprechen aber nicht dem eigentlichen Ziel der asiatischen Religionen, nämlich der Loslösung von der Lebensgier, sondern meinen bei uns seelische Gesundheit und Aktivierung sogenannter göttlicher Kräfte im Menschen.

Auch die reiche christliche spirituelle Tradition nennt Ziele des geistlichen Bemühens, die in diesem Leben zu erreichen sind. Sie selber aber haben sich weniger von Traditionen und theologischen Abhandlungen, sondern, wie die kleine Therese, mehr von der Urquelle des Glaubens, der Heiligen Schrift genährt. Wie umschreiben Sie das Endstadium eines authentischen christlichen Bemühens? Wohin soll führen, was mit der Taufe begonnen hat? Vielleicht zum «Herzensgebet», wie Sie es einmal formuliert haben?

Daß der Mensch beten kann, muß man nicht beweisen. Daß aber das Herz von selbst betet, ruft gleich nach der Frage: Wieso weiß man das? Erstens weiß es die Erfahrung aus sich, ohne Instruktionen. Zweitens ist diese Erfahrung urmonastisches und damit genuin christliches Traditionsgut und beweist sich auch von daher.

Solange es hier nur um spirituelle Theorie geht, solange ich nur weiß, die Erfahrung, daß das Herz «von sich aus» betet, gibt es, bleibt sie Information von außen über ein seltenes Gebetscharisma.

Ich bin dann um eine «mystische» Kenntnis reicher, aber die macht mich höchstens deprimiert, weil ich diese Erfahrung (noch) nicht kenne.

Auf dem Auslegetisch unserer Bibliothek lag vor Jahren ein Buch mit dem Titel: «Das Trinitarische Gebet». Ich ließ es ungeöffnet liegen, bin indes heute sicher, es hatte sich da um das innerste Herzensgebet gehandelt, von dem hier die Rede ist.

Dieses Gebet geht nicht vom Menschen aus zu Gott empor, geschieht aber doch in ihm, als in einem dafür geschaffenen Innenraum, von Gott zu Gott in Gott, in der dreifaltigen Einheit der drei Personen. Unser Herz ist der Ort, wo Gott sich seit der Taufe selber im Zueinander von Vater, Sohn und Geist allein angemessen zu rühmen und anzubeten vermag, eben göttlich, vollendet.

Da das Herz somit der Sitz dieser ewigen Hymne Gottes an sich selbst ist, wird die ganze Schöpfung davon erfüllt, denn auf den Menschen, und zwar auf dieses lobpreisende Menschenherz hin, hat Gott sie gemacht.

Und weil dieses Herz mir, dir, uns gehört, werden wir selber zum Lobpreis Gottes. Von daher singt die ganze Kreatur diesen kosmischen innergöttlichen Gesang.

Dieses Gebet sei, wie Abt Christian Schütz uns in einem Exerzitienvortrag sagte, Gottes Taufgeschenk an uns. Geschenk an sich selber im Grunde.

«Der Getaufte befindet sich an sich im Zustand des Gebetes, sein Herz betet von selbst.»
(Abt Christian Schütz)

Da dieses Gebet «aus sich heraus geschieht», hängt es nicht von mir ab, ob und wie es sich ereignet. Aber von der Armut meines Herzens hängt es ab. Es wird sich nur im armen Herzen entfalten können.

Das wird letztlich seine Seligkeit, von der Jesus in der Bergpredigt spricht.

Suche ich Gott, gehe ich auf das Ankommen in diesem Geheimnis zu. Das Ziel klösterlichen Daseins und Weges kann nirgendwo anders liegen. Denn da unser Herz im Gottesgebet selber in die ewige Begegnung und Beziehung von Vater und Sohn, Sohn und Vater im Heiligen Geist hineingezogen wird, kann das am Ende nichts anderes als Ankommen unseres geschöpflichen Seins in Gott bedeuten.

Im Heiligen Geist – Paulus sagt es doch: Der Geist betet an unserer Statt, weil er allein weiß, wie beten. Betet in uns, weil wir sein Tempel sind, als Gott aus Gott und zu Gott hin.

Von daher empfängt unsere christliche, monastische Innerlichkeit ihren Wesensgrund: Meditation und Liturgie, Kontemplation und Aszese sind hier hinein als in ihren Zielpunkt geortet.

Zu welcher Stufe des geistlichen Lebens das Herz, das von selbst betet, emporführt, davon sagt das Evangelium nichts.

Das ist es aber, was ich damals in der Messe in Randa zum ersten Mal erfuhr: Zuinnerst im Christen betet das Herz von selbst, betet es sein dreifaltiges «Taufgebet».

13.

Ganzheitlich

Das Herzensgebet, wie Sie es dargestellt haben, ist nicht nur Zielpunkt unseres geistlichen Lebens hier, sondern es ist Ziel der ganzen Schöpfung, ist ihre Vollendung. Es ist das Hineingenommenwerden des Geschöpfes in die dreifaltige Gemeinschaft Gottes, in ihren dreifaltigen Austausch, in ihr «trinitarisches Gebet».

Des ganzen Geschöpfes, das heißt doch auch, daß es schon jetzt um Ganzheitlichkeit geht.

Darf ich die Frage nach dem Ganzsein einer Nonne in diesem Leben stellen? Die Frage nach dem Ganzsein und Selbstsein, nach der Selbstverwirklichung in allen Bereichen ist heute für viele vordringlich. Dazu gehören auch das Annehmen seiner Leiblichkeit und das Aufnehmen von Beziehungen. Wie steht es damit bei einer Nonne? Diese Frage wird, das möchte ich doch betonen, in keiner Weise durch Ihr Werk nahegelegt. Ihr Dichten trägt durchaus den Stempel der Ganzheitlichkeit. Es ist leibhaftiger Ausdruck und beansprucht auch Gesang, Gebärde und Tanz. Aber was entspricht in Ihrem Leben einer Nonne diesem Werk?

Identitätsfindung ist kein Thema, dem ich in meinem klösterlichen Alltag nachzuspüren versucht bin. Aber da hat man mich kürzlich gefragt, was ich denn für meine Selbstverwirklichung im Kloster erwarte.

Ich denke, wer sich «hineingeholt» erlebt, fragt nicht: «Wer bin ich?» Er fragt: «Gott, wer bist du?» Diese Frage bestimmt meine Identitätssuche, den Sinn meines Menschseins, der «monastischen Selbstverwirklichung».

Die ist eben mehr als Frage. Sie brennt untergründig im Denken und Herzen. Aus diesem Grund des «Selbst», wie die Psychologie den inneren Seins-Kern nennt, wird die Nonne erfaßt, verändert, zu sich selbst geführt und gleichzeitig in ihren Ursprung aus Gott.

«Gott, wer bist du?»

Mose hat auch so gefragt und bekam die Antwort: «Ich bin der auf dich hin da ist». Dieser Name benennt auch mich: Ich heiße somit: «Auch ich bin auf dich hin da».

Gestern lächelte eine junge Frau mitleidig, als ich ihre Erklärungen über das Glück ihrer Freundin-Freund-Beziehung ohne Antwort stehen ließ. Sie empfand das als Zeichen meiner Verlegenheit und fuhr fort: «Sie wären vor fünfzig Jahren nicht ins Kloster gegangen, wenn Sie damals unsere Beziehungs-Erfahrung hätten machen können.»

«Beziehung», sagte ich, «kenne ich, es gibt eine unendliche.» – «Sie wollen sagen, mit Gott?»

Gott suchen ist an sich schon Beziehung. Den suchen, der schon da ist, wo ich bin, der mich ansieht, an sich zieht, ist das vielleicht keine Beziehung mit Gott?

Das war nicht meine Antwort auf die Frage der jungen Frau, sie hätte zuviel gesagt. Ich hatte nur genickt.

Aber mein Gott, leicht ist diese Beziehung nicht! Wie könnte sie anders sein als schwierig, ja als Leiden, als Not.

Er, der da ist, sich in seiner Gegenwärtigkeit suchen, erfahren, verlieren und wieder finden läßt, ist immer wieder der allgegenwärtige «Nicht mehr da» oder gar der «Nicht auf dich hin da».

Da spricht die Nonne oft nicht einfach mehr «fromme» Gebete. Die Erfahrung des verlorenen, im Grunde nicht verlierbaren «Ich bin auf dich hin da» sucht sich dann ihren liebestrotzigen Ausdruck:

So geh doch, geh,
du hast ja deine Gegenwart
um mich vergessen.

O dunkles Tuch,
ich bin ganz außer mir
in dir.
Darunter sterb ich mich
lebendig.

So geh doch, geh,
du hast dich ja
bei mir
vergessen.

Der gegenwärtige, immer anwesende Gott kann nicht anders als Beziehung schenken. Aber er kann uns ihre Wahrnehmung entziehen, es ist eben nicht die Wahrnehmung, die uns Gottes Erfahrung schenkt, sondern der Glaube, der liebt.

Beziehung will Gott aber selber, wenn er zu Abraham im Buch der Genesis sagt:

«Wandle vor mir
und sei ganz.»
(Gen 17,1)

Das Ganz-sein, die Ganzheitlichkeit – seine Gegenwart schenkt sie uns. «Sei ganz!» Schöpferischer Imperativ, wie: «Licht werde!» am ersten Schöpfungsmorgen.

Und wie es damals geschah: «Und es ward Licht», so geschieht es hier: Ganzheit, Vollkommenheit wird Wirklichkeit, als Gottes schöpferischer Anruf, der gleich bewirkt, was er verlangt. Unter der einen Voraussetzung, daß ich vor ihm «wandle», vor ihm, der auch hinter mir, über mir und rund um mich ist, wie Psalm 139 singt: «Von vorne und hinten hältst du mich umschlossen.»

Ich konnte nicht anders, als dem psychologischen Verständnis von Identitätsfindung, Selbstverwirklichung den biblischen, wenn auch nur den einen großartigen Anruf an Abraham hier zu zitieren. denn monastisches Leben versteht sich zuerst und zuletzt von Gottes Wort her.

14.

Bildwort statt Begriff

Im Zusammenhang mit der Ganzheitlichkeit noch eine letzte Frage: All Ihre Aussagen sind voll von Bildern. Geschieht auch Ihre innere Begegnung mit Bildern und nicht bildlos? Also nicht in der Weise einer asiatischen Versenkung ins Nichts, sondern als Begegnung mit dem, in der Heilsgeschichte konkret offenbarenden Gott, die nicht ohne «Anwendung der Sinne» (Ignatius von Loyola) auskommt?

Als junges Mädchen konnte ich mir ein Leben ohne viel Zeit zum Nachdenken nicht vorstellen.

Bald aber mußte ich feststellen, daß ich zum Denken eigentlich gar nicht geeignet bin. Daß mein Verstand sich dauernd weigerte, weiter zu sehen, als er sehen konnte, was ja völlig verständlich, aber doch sehr demütigend ist. Ich kam zum Beispiel nur mit knapper Not durch mein Mittelschul-Mathematik-Examen. Ich brauche Bilder zum Einsehen und Verstehen von gedanklicher Wirklichkeit. Daher kann ich auch im Kloster mit theoretisch-geistlichen Büchern wenig anfangen. So schloß ich schon nach den ersten Seiten eines Werkes von Garrigou-Lagrange – den Titel habe ich vergessen – das Buch zu und las es auch später nicht.

Als ich ins Kloster eintrat, weigerte sich aber auch meine Fantasie, mir zu helfen in meiner Not, mich in der Wüste – so erlebte ich damals die Klausur – zurechtzufinden.

Wüste war immerhin ein Bild, und ich hatte zum voraus gewußt, daß dieses Bild mich in die legitime Wirklichkeit der monastischen Urzeit zurückholte. Aber die reine, harte Realität meines leeren Alltages, der – warum wußte ich damals noch nicht – von mir auf seinen Sinn nicht durchdacht, auch nicht und noch weniger durch-schaut werden konnte, brachte mich an den Rand des Durchhaltewillens.

Nach drei Jahren «sah» ich wieder. Und bis heute ist mir auch diese Hilfe des geistlichen Lebens geblieben; meines geistlichen Lebens, muß ich wohl sagen. Gott verschenkt unzählige Gefährt-Muster nach seiner Heiligen Stadt.

Wie sich die Bildsprache im Meditieren meldet, davon sprechen gewiß alle Methoden der Betrachtung und Versenkung. Daß sich Reflexionen leer und müde laufen, ist normal und kann gerade der Grund sein.

Meditiere ich zum Beispiel unseren Regeltext im siebten Kapitel: Da ist die Rede vom Zöllner auf der zwölften Demutsstufe. Sich in die direkte Selbsterfahrung vor dem absoluten Herrn und Gott hinein zu vertiefen ist die gewohnte Art der Meditation dieses Stufen-Textes.

Es kann aber geschehen, daß dieser Zöllner aus dem Tempel weg auf die Nonne, den Mönch zugeht. Da steht der dann neben mir, als wäre ich eine Tempelsäule, unten am Sockel, um mir deutlich zu machen, daß es um das Unten geht auf meinem Weg nach oben.

Ein Bild. Aber es holt mich herein in die Wirklichkeit und den Sinn dieses Gleichnisses des Herrn.

Auch er hat uns ja den Demutsweg, der nach Sankt Benedikt als «Jakobsleiter» in die vollkommene Liebe führt, in diesem Bild-Text vorgelegt, wohl wissend, wie schwierig es ist, über Demut in Begriffen zu sprechen.

Die Gegenwartserfahrung dieses «wirklichen» Bild-Zöllners in meinem Tag, durch die Klostergänge und Räume, im Chor und in der Zelle halte ich für eine der hilfreichsten «Fahr-Modelle» des Heiligen Geistes, neben den vielen andern seiner Führung.

15.

Sterben

Im seelsorgerlichen Gespräch mit alten Menschen stellt sich beim Thema Sterben und Tod eine begreifliche Hemmung ein. Man möchte auf den Tod zu sprechen kommen, der ja immer näher heranrückt. Aber gerade weil der «Ernstfall» bald eintreten kann, scheut man sich, ihn anzusprechen. Doch bei Ihnen, der bald 85-Jährigen, darf und muß ich dies am Ende unseres Briefwechsels wagen: Es geht Ihnen so sehr um die Ankunft des Herrn und beim Herrn, daß man auch vom «Zeit»-Punkt sprechen muß, wo sie definitiv geschieht. Wie denken Sie darüber?

Kontemplative Erfahrungen des Glaubens eröffnen und bereiten auf das am Ende große einfallende Licht der neuen Geburt. In die Sterbegegend unseres Lebens, die Ort ist für den lebenslänglich auf uns zukommenden Himmel.

So ist bis jetzt nichts aufgeschrieben hier, das nicht in diese letzte Zeit meiner menschlich-klösterlichen, das heißt meiner christlichen Existenz zugeht. Wozu denn sonst alles, wenn nicht auf diesen, letzten Zeitpunkt hin, in den mein Dasein hineinläuft, um ewig anzukommen, dort, wohin ich gehöre.

Manchmal sehe ich mich durch den unteren Klostergang zur hinteren Kirchentüre mit großem weißen Blumengebinde auf meinem Sargdeckel tragen, meine lateinisch rezitierenden Schwestern mit brennenden Kerzen hinter mir her.

Ich weiß mit tödlicher Sicherheit, das ist die Wirklichkeit meines Todes, in die ich hineinlebe. In seinen Tod hineinleben heißt sterben.

Dann überkommt mich eine seltsame Spannung, die Paradoxie, daß christliches Sterben ewiges Leben bedeutet. Das Gedicht hier entstand vor einigen Jahren.

Nach der Messe

Ich habe den Himmel
gegessen
in mein Zellen
nistet sich Ewigkeit ein.
Die Stadt weicht mir aus
auf dem Gehsteig
und keines der Boote
nimmt mich mehr mit.
Meinen lumpigen
ausgetretenen Tod
an den Füßen
geh ich
über das Wasser
nach Hause.

Den Himmel essen in der Eucharistie heißt, das unsterbliche Leben essen im Brot, das Leben des Auferstandenen.

Wie ist es da, richtig überlegt, mit dem Tod? Der Tod lebt seit Ostern nicht mehr. Er kann uns, die wir das ewige Leben essen, nichts mehr antun. Die Auferstehung hat sich in uns eingenistet.

Die Welt fühlt sich durch das auferstandene Leben in den an Jesus Christus Glaubenden bedroht.

Sie will nicht heraus aus ihrer Leblosigkeit, Lebenslosigkeit, und kommt jemand mit der Wirklichkeit des neuen Daseins in sich daher, weicht sie auf das Trottoir ihrer säkularen Sicherung im Diesseits aus.

Dann lächelt der Engel, der uns nach den wunderbaren Informationen der Schrift zugeordnet ist, uns zu begleiten. Er lächelt, weil er keine Furcht vor der Ansteckung des ewigen Lebens zu haben braucht – er, der wesenhaft lebendig ist.

Da lacht man selber, wenn die Bootsleute am Quai abfahren, bevor man an der Lände angekommen ist, weil auch sie keine Lust haben, ihr «schönes Menschsein und nichts weiter» mit uns, den «unheimlichen Fahrgästen», zu riskieren. Ja, dann kann man lachen. An den Füßen rutschen die Lappen des Leichentuchs über die Sandalen herunter, und man läuft wie Petrus über das Wasser täglich das bißchen Zeit, das noch fällig ist, zu Gott.

Beerdigung

Werden sie ihn die runden Stufen,
die drei,
zu Gott hochtragen?

Gott kam aber längst seine drei Stufen
herab:

Mensch geworden,
hingeopfert,
auferstanden,
um dem Toten zu sagen:
Steh auf, ich bin da.

Und da sieht sich der tote Mönch
in seiner Totenfeier
gar andächtig um.

Wie schön, diese dunklen Stolen,
alle genau im Winkel
über den weißen Alben
in der halben
Runde
der Brüder,
ein stehender Tanz.

Requiem, wie?
Nein, Choreografie.
Ganz ähnlich wie die
Engel am Thron.
Ich bin eben nicht mehr tot.
Ich lebe in meinem Herrn Christus.

Amen,
singen die Brüder
und schließen die Bücher wieder.
Requiem in pace.

Diese kleine Meditation habe ich von einem Foto einer Totenfeier in der Klosterkirche zu Einsiedeln abgelesen. Die offene Bahre mit dem toten Mönch wird nach vorne getragen, als wolle man sie die drei groß ausladenden Marmorstufen vor den Altar bringen. Und im weiten Halbrund die Brüder, Mönch an Mönch, die Totenmesse singend, alle in selben weißen Alben, dunklen Stolen über den Schultern, ein Bild wie auf einer barocken Bühne.

Ist es nicht seltsam zu denken, daß wir, obwohl wir in der Bahre liegen, leben? Was bedeutet denn sonst das Wort Jesu: «Wer an mich glaubt, wird leben, auch wenn er stirbt» (Joh 11,25)?

Seit du mich anschaust
krieche ich
samt meinem Drahtverhau
worin ich hänge
zerfetzt
unter deinen Augen
durch
in deine Auferstehung.